D1574531

Kook jij of kook ik?

Kook jij

Martine Letterie I Rick de Haas

# of kook ik?

Inhoud

kook jij of kook ik?

naar zee

AVI/ START

AVI M 3

AVI E3

AVI M4

ken je piet en riet?

ken je riet?
riet is kok.
ze kookt dus veel.
ze is er dol op.

en ken je piet?
piet is ook kok.
piet kookt dus ook veel.
piet is er ook dol op.

riet kent piet.
piet is haar maat.
ze is dol op hem.

en piet is ook dol op riet.
maar weet je wat gek is?
dat zie je niet.
dat riet gek is op piet.
en piet op riet.
let maar op!

'dag riet,' zegt piet.
'zo piet,' zegt riet.
'ben je daar?'

'ja,' zegt piet.
'ik weet wat.
ik kook voor je.
en dan eet jij het.'

'mmm!' zegt riet.
'wat kook je voor me?'
piet zegt:
'dat zeg ik nog niet.
dat zie je wel.'

piet kookt.
en riet weet niet wat.
dan is het er.

piet zet het neer voor riet.
'weet je wat het is, riet?'
'nee,' zegt riet.
'ik weet het niet.
zeg het me maar.'

piet zegt:
'het is de poot van een kip.
met room.
ik kook vaak met room.'

'o,' zegt riet.
'room maakt je dik.
en dat ben ik al.
dus ik eet het niet.'

piet weet wat.
'dan maak ik wel sap van peer.
sap maakt je dun.
is dat wat?'

'nee,' zegt riet.
'sap vult niet.
dus dat is het ook niet.
ik weet wat.
ik kook wel voor je.
en ik zeg niet wat.'

'pff,' zegt piet.
'net of je dat wel kan.
en ik niet.
maar ik eet wel wat je kookt.
en jij at niet van de kip.'

riet kookt voor piet

piet zit.
en riet kookt.
wat het is?
piet weet het niet.
piet ziet wel.

daar is riet weer.
'hier is het!'
ze zet wat voor piet neer.

piet zegt:
'wat een rook!'
riet zegt boos:
'dat is met dit vak.
ik kook.
en dan is er rook.
eet het maar.
en zeg dan wat het is.'

piet neemt een hap.
'het is wel gaar.
maar wat het is …'

riet zegt boos:
'wees niet zo raar.
je weet het wel.'

piet neemt nog een hap.
en nog een.
piet zegt:
'ik weet het!
het is met kaas.
maar wat …
is het een raap?
nee, dat is het niet.
ik weet het wel.
je bakt een aap.'

riet is boos.
heel boos.
ze zegt:
'je bent gek!
ik bak geen aap!
het is vis.
vis vult wel.
en vis maakt je niet dik.
en dus kook ik vis.
en niet met room.
room maakt je dik.
en vis maakt je niet dik.'

piet zegt:
'dat is suf.
daar is het vak niet voor.
ik ben kok.
en, riet,
dat ben je ook.
een kok maakt wat top is.
en een kok kookt
voor dik …
en voor dun.

maar riet niet.
riet kookt niet voor dik.
en dat is suf.
heel suf!'

dat is ook wat.
riet is boos.
en piet is sip.

kook je voor me?

riet geeft piet een kus.
ze zegt:
'dit is ook suf.
ik was boos.
ben je nog sip?
dat wil ik niet, hoor.
kook je wat voor me?
dan kook ik wat voor je.'
'top,' zegt piet.
'dat wil ik wel.'
en piet geeft riet ook een kus.

dus piet kookt voor riet.
en riet kookt voor piet.

wat maakt piet voor riet?
en wat kookt riet voor piet?

riet heeft het af.
ze roept:
'hier is het.
het is weer met rook!'

piet neemt een hap.

o.

dat is naar.

piet is sip.

dat zie je aan de lip van piet.

die is neer.

en niet hoog.

riet ziet het ook.

'wat is er, piet?

is de hap vies?'

de lip van riet gaat ook neer.

piet zegt:
'het is weer vis.
en de vis is niet gaar.
dat is naar.
dat is vies.
ik wil geen hap meer.'

riet is boos.
en piet ziet dat ook.

'loop niet weg, riet.
eet wat ik kook.
hier is het.'

riet weet het niet.
wil ze een hap van piet?
ze is wel dol op piet.
ook al is ze boos.
'ja,' zegt ze dan.
'geef me maar een hap.
maar ik ben wel boos!'

'hier is het.'
piet geeft het maal aan riet.
'het is met deeg.
deeg maak je van meel.'

riet gilt:
'zeg me dat niet.
dat weet ik ook wel!
ik ben een kok.
ik maak vaak deeg.'
ze is boos.
heel boos!

piet zegt:
'dat is ook suf.
dat weet ik wel.
maar ik meen het niet.
ik maak je boos.
en dat wil ik niet.
neem een hap.'

riet neemt een hap.
piet zegt:
'is het wat?'

riet neemt nog een hap.
'nee,' zegt ze.
'het is niet wat.
het deeg is nat.
het is niet af.
het deeg is niet gaar.
maak het af.
dan neem ik weer een hap.'

piet pakt het maal.
en piet loopt boos weg.
piet roept:
'ik maak het af.
en dan kom ik weer!'

daar is piet weer.
piet zegt:
'het deeg is af.
neem weer een hap.
lust je het dit keer wel?'

riet zegt:
'geef maar.
dan neem ik een hap.'
riet neemt een hap.
piet zegt:
'is het wat?'

'nee,' zegt riet.
'het deeg is vet.
veel te vet.
dit eet ik niet.
dit deeg maakt dik.'

piet gilt:
'val neer!
je maakt me boos!
heel boos!'
en dan loopt piet weg.
riet zegt:
'ik ben ook boos!'
en ze loopt ook weg.

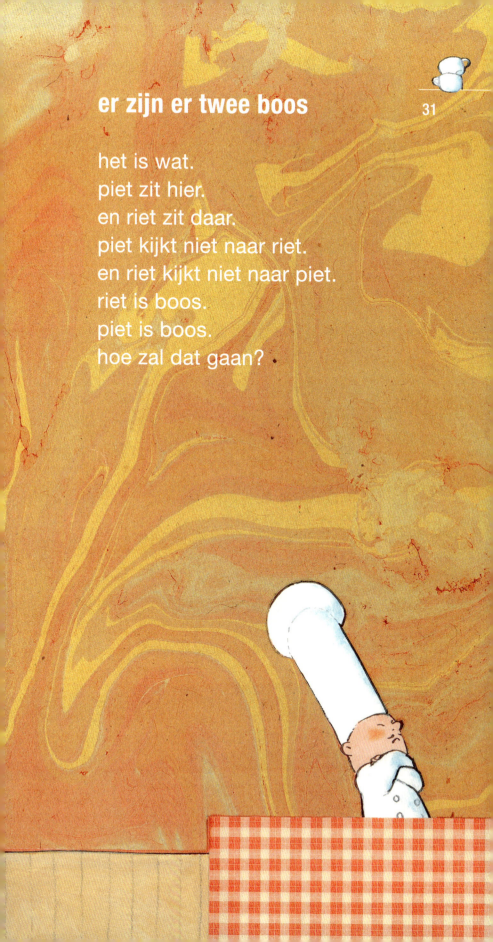

er zijn er twee boos

het is wat.
piet zit hier.
en riet zit daar.
piet kijkt niet naar riet.
en riet kijkt niet naar piet.
riet is boos.
piet is boos.
hoe zal dat gaan?

dan zegt riet wat.
'ik kook niet meer voor jou.
niet een keer meer.'
dan zegt piet wat.
'ik kook ook niet meer voor jou.
niet een keer meer.'

dan is het een poos stil.
tot riet zegt:
'als er een gast komt,
hoe moet het dan?'

pfff^r

dat is ook wat.
dat ziet piet wel.
'zeg je dan:
ik kook niet?'
'nee,' zegt riet.
'dat zeg ik niet.
ik kook wel voor een gast.
maar ik kook niet voor jou.
en jij?
wat doe jij?'

pffff

piet zegt:
'dat doe ik dan ook!
ik kook wel voor een gast.
maar ik kook niet voor jou.'

'wat!' zegt riet boos.
'ik kook al voor de gast.
jij dus niet!
en ik kook niet met zijn twee.
als ik met jou kook,
maak ik je boos.
of jij maakt mij boos.
dat gaat dus niet.
dus ik kook voor de gast.
en jij niet.'

'of …' zegt piet.
'ik kook.
en jij kookt niet.
dat kan ook.'

'heus niet!' zegt riet.
'ik ben hier de baas!'
'nou, nou,' zegt piet.
'is dat zo?
hoe weet je dat?'

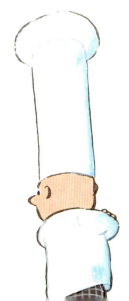

riet weet:
'het is mijn huis.
dus ben ik de baas.'

maar piet weet nog wat.
'ik weet hoe het moet.
ik kook een dag.
en dan kook jij een dag.
jij kookt niet met mij.
en ik kook niet met jou.
maar een gast eet,
een dag van mij,
en een dag van jou.
is dat wat?'

'dat is goed,' zegt riet.
ze heeft er een kleur van.
'het is fijn.
weet je.
als je er niet bent,
dan mis ik je.'

piet zegt:
'zo is het bij mij ook.
en toen kwam dit plan.
dan zie ik je wel.
maar ik kook niet met jou.'

riet geeft piet een kus.
het is fijn zo!

een gast!

piet staat bij deur.
er komt een man aan.
het is paul.
paul eet vaak bij piet en riet.
piet kent hem dus.

'fijn dat je er bent, paul!'
'fijn, hè?' zegt paul.
'wat is er op de kaart?'
piet zegt:
'zoek een plek.
dan haal ik de kaart.'

riet kijkt om de hoek.
leuk dat paul er is!
maar zij moet aan het werk.
ze roept:
'dag paul!'

piet geeft paul de kaart.
paul leest hem.
'mmm! vis!
dat lust ik wel.'

'fijn,' zegt piet.
'ik zeg het aan riet.'
'paul wil vis, riet.'
riet zegt:
'dan kook ik dat.'

piet kijkt sip.
'ik wil dat ook doen.'
riet kijkt ook sip.
'maar jij praat met paul.
dat wil ik ook doen.'

dan pakt riet een pan.
aan de slag!

en piet gaat naar paul.
'wat wil je in je glas?
sap, of wijn?'
'doe maar sap.'
en piet haalt het sap.

na een poos gaat hij naar riet.
'is de vis al af?'
'hier is de vis.
en er is ook saus bij en rijst.
ik doe het op een schaal.'

piet ruikt.
mmm!

piet geeft de schaal aan paul.
en dan schept hij hem op.
'mmm,' zegt paul.
hij neemt een hap.
'mmm,' zegt hij nog een keer.
'riet is een top kok!
wie kookt er nou als zij?'

'ik!' zegt piet.
'maar dat merk je niet.
dit is de dag van riet.
dan kookt zij.'

piet kijkt sip.
daar is riet.
'jij praat met paul!
dat wil ik ook!
maar dat kan niet,
als ik kook.'

dat is ook wat.
dit is het dus ook niet.
hoe moet het dan?

paul kijkt naar piet en naar riet.
'wat is er?
ik snap het niet!'

'kijk,' zegt riet.
'het zit zo.'
en dan zegt ze
hoe het zit.
maar ze zegt ook:
'ik mis piet,
als ik kook.
hij is hier en ik ben dan daar.
maar met wie praat ik dan?
en op wie kan ik dan boos zijn?
het is heel suf.
te suf.'

'je bent lief,' zegt piet.
'en ik mis je ook,
als ik hier ben.
en ik kook ook graag.
en dat doe ik hier niet.'

'ik snap het,' zegt paul.
'je bent graag met zijn twee.
maar je bent ook graag de baas,
als je kookt.'
piet kijkt blij.
'dat is het.
ik ben graag met zijn twee.
maar ik ben ook graag de baas.'

paul steekt zijn duim op.
'dan weet ik,
hoe het moet.
je kookt met zijn twee.
maar een dag is riet de baas.
en een dag is piet de baas.
de baas zegt hoe het moet.
dus als piet de baas is,
zegt hij hoe het moet.
en als riet de baas is,
zegt zij hoe het moet.

en als je niet de baas bent,
klaag je niet.
je doet je werk.
en daar kijk je blij bij.
je zeurt niet,
wat de baas ook zegt.
en wat de baas ook kookt.
vind je dat goed?'

paul kijkt van riet naar piet.

'dat is het!' gilt riet.
en ze geeft paul een kus.

'dat is het!' roept piet ook.
'maar ik wil die kus!'

riet geeft piet een kus.
en piet haar ook.

riet geeft er nog een aan paul.
'je plan is top, paul!
kom je gauw weer?
dan kookt piet voor je.
en ik help hem.
ik doe wat hij zegt.'

'wauw!' zegt piet.
'kom dan maar heel snel, paul!'

ik stop

hier is riet.
en daar is piet.
ze zijn aan het werk.
riet maakt vla.
ze zingt.
het is ook leuk om te doen.
het is fijn,
dat piet er is.
met piet aan het werk,
dat doet riet graag.
en ze is dol op vla.
wat wil ze nog meer?

riet zegt:
'pak je de melk?'
'hier is de melk,' zegt piet.
maar hij kijkt niet blij.
er is iets.
piet zegt het sip.
en in zijn oog is een traan.
'piet!' roept riet.
'wat is er met je?
doet je oog pijn?
of is er pijn in je buik?'

'nee,' zegt piet.
'dat is het niet.
ik heb geen pijn.
niet in mijn oog,
en niet in mijn buik.
maar ik voel me niet blij.
ik ben al maar moe.
ik kan niet meer.'

piet pakt een stoel
en zit er dan op.
'ik wil niet meer.
zo gaat het niet.
ik werk en ik werk …
ik werk, maar ik rust niet.
ik kan niet meer.
ik kook,
maar het is niet leuk.
ik ben het zat.'

nu pakt riet ook een stoel.
en ze zit naast piet.
'dat is ook erg.
jij bent moe,
en ik merk er niets van!
dat is dom van mij.
neem een dag vrij!
of een week,
als je wilt.'

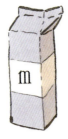

'dat is lief, riet.'
piet geeft haar een zoen.
'maar het is niet wat ik zoek.
ik ben dit werk zo zat …
ik wil weg.
niet voor een dag,
of een week.
ik stop er mee.
ik wil dit werk niet meer.'

riet staat op.
en ze loopt heen en weer.
nu komt er een traan in haar oog.
'wat erg voor jou, piet.
dat het werk niet leuk meer is.
wat erg dat je zo moe bent.
en dat ik dat niet wist.

ik vind het werk wel fijn.
ik ben kok.
en dat is juist leuk.
maar weet je
wat ik nou naar vind?
als ik niet meer met jou werk.
ik ben dol op jou.

je bent een schat.
ik word blij,
als ik je zie.
en ik zie je,
als ik werk.
dat is zo fijn aan mijn werk.'

piet snuit zijn neus.
'nou, nou …
ik ben geen schat.
je bent vaak boos op mij.
en ik op jou.
als ik weg ben,
is dat er ook niet meer.
en dat is vast fijn.'

riet veegt de traan weg.
'dat hoop ik dan maar.'

piet weet wat hij niet wil.
maar hij weet ook
wat hij wel wil.
hij wil naar zee.
hij is dol op de zee.
die ruikt fijn.
en er is rust.

hij pakt een tas en een doos.
daar stopt hij in
wat hij heeft.
en dan gaat hij op reis!

na een uur is hij er al:
in wijk, een klein dorp aan zee.
nu zoekt hij een huis.

hij loopt door het dorp.
dan ziet hij een huis.
het is heel klein.
net wat voor één man.
er hangt een brief op het raam.
te huur, staat er op.

piet belt aan.
de baas van het huis is blij.
hij is zijn huis kwijt.

en piet is ook blij.
hij heeft een huis.

piet zet zijn tas neer.
en zijn doos ook.
er is al een bed.
en er staat een stoel.
hij doet het raam op een kier.
en hij snuift.
piet ruikt de zee.
dit is een fijn huis.

piet maakt het bed op.
hij haalt uit de doos,
wat er in zit.
klaar.
nu kan hij naar zee!

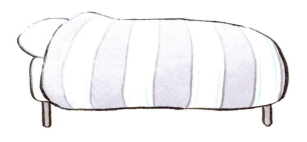

het huis is niet ver van zee.
dat vindt piet ook fijn.
hij loopt de weg af,
en dan is hij er.
daar is de zee.
het is kalm weer.
er is geen golf te zien.

de zon schijnt.
piet is erg blij.
zo blij was hij lang niet.
hier is het fijn.
hier is rust.
daar staat een stoel.
niet ver van zee.
daar zit je niet in,
daar lig je in.
de stoel is nog leeg.
dat is de plek voor piet.

piet ligt in de stoel.
en hij staart naar de zee.
meer wil hij niet.
het is top.
hij valt in slaap.
en hij droomt van riet.

'ijs te koop!'
piet kijkt op.
wie roept dat?
er loopt een man met een kar.
ijs, dat is een fijn plan.
piet loopt naar de kar.
op de kar staat: *pims ijs.*
'één ijs graag, pim!'

pim schept het ijs in een hoorn.
hij geeft de hoorn aan piet.
piet geeft hem geld.
dan likt hij van het ijs.
de zon staat laag.
hij moet maar weer gaan.
piet loopt naar zijn huis.
het is leuk aan zee.
maar hij mist riet …

piet ziet een vis

piet staat op,
en loopt naar zee.
hij ligt in de stoel,
en kijkt naar de zon.
hij ruikt de zee.
vaak valt piet in slaap.
of hij eet ijs bij pim.
en als de zon laag staat,
gaat hij naar huis.
dag in, dag uit.
week in, week uit.

piet denkt aan riet.
die werkt nou veel.
zij werkt voor twee.
mist zij hem?
piet mist haar wel.

en dan weet piet het wel,
als het een poos duurt.
de zee is fijn,
maar alleen maar in die stoel ...
hij is het zat.
hij moet uit die stoel.
hij moet wat doen.

piet loopt een stuk.
en kijkt naar de zee.
dat doet hij ook dag in, dag uit.
dan is er een golf, dan weer niet.
dat is een tijd best leuk.
maar dan ook niet meer.
piet staat stil.
hij denkt aan riet.
de zee spoelt op zijn voet.
en maakt zijn teen nat.

dan ziet hij wat.
bij zijn teen speelt een vis.
snel zwemt die weer weg.
dat moet hij doen!
hij zegt:
'piet, vang die vis!'

het plan maakt hem blij.
waar vangt hij een vis mee?
met een net.
en waar stopt hij die vis in?
in een bak.
hij heeft nog geen net.
en ook geen bak.
maar daar weet hij wat op.

hij loopt snel naar het dorp.
daar is pim met zijn kar.
'wat zoek je, piet?'
piet zegt:
'ik wil een net en een bak.'
pim wijst.
'dat koop je daar, bij nel.
zij helpt je wel.'

piet gaat naar nel.
hij koopt er een bak,
en een net.
piet is er klaar voor!

Heel veel vis

Het is nog vroeg in de morgen.
Piet heeft zin in de dag.
Hij gaat op pad.
Hij heeft zijn visnet en een emmer bij zich.
Vandaag gaat hij vis vangen!

Het is nog stil bij zee.
Zo vroeg is het.
Piet zet de emmer op het zand.
Daar is het droog.
Hij trekt zijn schoenen uit,
en zijn sokken.
Dan rolt Piet zijn broek op.
En hij loopt de zee in,
tot zijn voeten nat zijn.
Zijn visnet neemt hij mee.

Hij knijpt zijn ogen tot spleetjes.
En hij tuurt in zee.

Totdat hij een vis ziet zwemmen.
Daar gaat een hele dikke!
Piet rent erheen
en steekt zijn visnet in zee.
Hebbes!
Hij brengt de vis naar de emmer.
Dit is mooi werk!

Piet wandelt de zee weer in.
Hij loopt tot zijn blote voeten nat zijn.
Hij tuurt en tuurt …
Het duurt een tijd.
Maar dan zwemt er een vis voorbij.
Piet vangt hem met zijn net.
De vis gaat weer in de emmer.

Piet gaat maar door en door.
Hij vangt een vis.
En nog een vis.
In de emmer zitten al tien vissen.
Daar ziet hij Pim met zijn kar.
Mooi!

Het is nu tijd voor een ijsje.
Piet koopt schepijs bij Pim.
'Gaat het goed?' vraagt die.
'Prima!' zegt Piet blij.
'Ik heb al tien vissen!'
En dan denkt hij ineens:
en ik dacht niet één keer aan Riet.

Als het ijs op is,
loopt Pim door met de ijskar.
Piet pakt zijn visnet.
Eens kijken of er nog een vis is.
De zon schittert in de zee.
Fijn is dit toch!

Dan is de dag voorbij.
Het is laat.
En de meeste mensen gaan naar huis.
Pim komt ook langs met zijn ijskar.
'Laat eens zien hoeveel vissen je ving?'
Piet wenkt hem.
'De emmer is te zwaar.
Ik kan hem niet alleen tillen.'
'Wat veel vissen!' roept Pim.
'Hoeveel zijn het er?'
Piet lacht en zegt:
'Ik kan de emmer niet tillen,
en ik kan de vissen niet tellen!
Het zijn er veel te veel!'

Bak die vis!

'Super veel!' roept Pim.
'Wat ga je ermee doen?'
Piets wangen worden rood.
'Ik weet het niet.'
'Ik heb een idee,' zegt Pim.
'Bak die vis.
Dan heb je een lekker maaltje.
Ik help je.
We tillen de emmer op mijn ijskar.
Dan rijd ik die naar je huis.'
Piet kijkt weer blij.
'Goed plan!
Eet jij dan met me mee?'

En zo gezegd, zo gedaan.
Pim en Piet tillen de emmer op de kar.
En ze rijden die naar Piets huis.
Ze tillen de emmer van de ijskar.
Piet weet waar de emmer naartoe moet.
'Zet maar neer op het aanrecht!
Daar maak ik de vis schoon.'

'Doe dat maar,' zegt Pim.
'Ik breng mijn ijskar naar huis.
En dan haal ik sla en frisdrank.
Dat is voor ons feestmaal!'

Piet gaat aan het werk.
Wat is er veel vis!
Veel te veel voor twee.
Hij denkt aan Riet.
Was zij maar hier.
Ze wist vast een goede saus bij de vis.
Of ze sneed een uitje,
om bij de vis te bakken.
Zou zij wel eens aan Piet denken?

Daar is zijn makker Pim weer.
'Hier is sla en bosui.
Daar maak ik wat lekkers van.
En ik heb twee flessen frisdrank.
Dan kunnen we lekker zuipen!'

Piet lacht.
Pim maakt leuke grapjes.
Daar houdt hij van.
Zo heeft Piet toch een goede vriend.

De vis is schoon gemaakt.
En Piet pakt een grote bakpan.
Het fornuis staat bij het raam.
Nu is het dicht,
maar dat moet anders.
Als je vis bakt,
kun je dat goed ruiken!
Dus zet Piet het raam op een kiertje.
'Groter!' roept Pim.
'Dat kiertje is veel te klein!
Zet de ramen maar wijd open.'
En dat doet Piet.

'Nu ga ik bakken,' zegt hij.
'De boter in de pan is heet.'
Hij laat er een vis in glijden.

'Mmm,' zegt een stem.
'Dat ruikt lekker!'
Piet kijkt op.
Er staat een meneer bij het raam.
'Ik houd van vis uit de pan.
Verkoop je die vis?'

Piet kijkt naar Pim.
'Doen!' zegt die.
'We hebben te veel vis voor twee.'
Pim weet een goede prijs voor de vis.
Dat komt door zijn kraam.
Hij heeft immers zelf ijs te koop.
'Leg de vis maar op een oude krant.'

Piet bakt de vis in de hete boter.
En de meneer eet hem op,
bij het open raam.
Hij likt zijn lippen af.
'Dat smaakte erg goed!
Morgen kom ik weer!'

Een kraam met vis

Piet en Pim kijken elkaar aan.
Morgen weer?
'Wil je dat, Piet?' vraagt Pim.
Piet knikt langzaam.
'Ik denk het wel!
Vissen vangen is leuk.
En vissen bakken ook.
Wat moet ik anders met die vis.'

Pim is even stil.
Hij denkt na.
'Doe je dat bij het open raam?
Of wil je een viskraam aan zee?
Dan zie je de zee.
En de mensen op het strand zien jou.
Jij roept: "Vis te koop!"
Je zult zien,
dat gaat heel goed.
Vroeg in de morgen vang je vis.
In de middag sta je in de kraam.'

Piet ziet het voor zich.
Het is een goed idee.
Dag na dag in de stoel liggen,
dat werd saai na een poos.
Dat wil hij echt niet meer.
Dus moet hij dit maar doen.

'Goed,' zegt Pim.
'Ik weet nog een kraam te koop.
Die knappen we op met zijn tweetjes.'

De dag erna gaan ze aan het werk.
Piet koopt de kraam,
en een grote pot verf.
Ze werken een poosje met zijn twee.
Dan moet Pim naar zijn ijskar.
Piet zegt:
'Ik maak de viskraam af.
En dan geef ik hem een naam.'
Pim steekt zijn duim op.
'Ik kom kijken,
als ik mijn ijs verkocht heb.'

De zon staat laag aan de hemel,
en de kraam is klaar.
De kraam heet: *Vis van Piet.*
'Mooi!' zegt Pim.
'Weet je wat gek is?
Het lijkt alsof er staat:
Vis van Riet.'
Piet krijgt een kleur.
'Dat had ik ook gedaan.
Ik dacht aan Riet.
En toen maakte de kwast een R.
En geen P.
Maar nu is het toch een P?'
'Ja hoor,' zegt Pim.
En hij glimlacht.

Het is de morgen erna.
Piet zet zijn viskraam vroeg bij zee.
Dan gaat hij aan de gang met zijn net.
Hij vangt een vis en nog een.
Dit gaat prima!
Al snel is de emmer bomvol.

Piet sleept de emmer naar de viskraam,
samen met Pim.
Nu is het tijd om te bakken.
Pim heeft nog wat voor hem.
'Hier zijn bakjes.
Ik heb ze bij Nel gekocht.
Daar verkoop je de vis in,
als je klaar bent met bakken.'

'Super!' zegt Piet blij.
De boter is heet.
En vis nummer één glijdt er in.
'Verse vis te koop!' roept Piet.
Al snel is het druk.
Er staat een rij bij de viskraam.

Vlakbij roept Pim met zijn ijskar:
'Eet vis, en neem ijs toe!'
Dat is een slim idee!
Veel mensen doen wat hij zegt.
Pim zwaait naar Piet.
'Gaat het goed?
Vind je het leuk?'

'Ja,' roept Piet.
'Het is heel leuk!'
Hij lacht stralend,
en laat weer een vis in de pan glijden.
Het is leuk.
Maar het zou nog leuker zijn,
als Riet er was ...

Smullen bij Riet!

Zie je dat gebouw?
Daar kun je lekker eten.
Hoe ik dat weet?
Lees de letters op het raam maar.

Smullen bij Riet!

Het gebouw is genoemd naar Riet.
Het is van haar.
En ze is er de kokkin.
Hier zie je haar.

Riet is in de keuken aan het werk.
Ze doet de afwas.
Er staat nog een grote stapel borden.
Die is van de dag ervoor.
Riet legt de droogdoek neer,
en zucht.

Ze vindt haar werk erg leuk.
Ze is dol op koken.
En ze verwent haar gasten graag.
Maar dat doet ze in haar eentje.
Alle dagen van de week.
En als de gasten weg zijn,
doet Riet de afwas, ook zonder hulp.
Weer in haar eentje dus.
Daarna sopt ze de tafels,
en dweilt ze de vloeren,
tot alles glimt als een spiegel.
En dat alle dagen weer.

Nooit heeft ze een dag vrij.
Ze vindt het werk leuk,
maar het is haar soms teveel.
Ze wil wel eens wat anders.
Of gewoon even rust.
Niet voor altijd.
Nee, voor een of twee dagen in de week.
Zou dat niet kunnen?

Riet denkt diep na.
En dan knikt ze.
Waarom niet?
Ze gaat op zoek naar een tweede kok.
Maar: hoe vind je die?
Kent ze mensen die kok zijn?
Nee.
Paul werkt bij de krant.
Maar Riet heeft meer klanten.
Maar die hebben al een baan.
Ze zoekt dus een kok,
die ze nog niet kent.
Hoe doe je dat?

Ineens weet ze het.
Ze staat op en loopt naar de kast.
Daaruit pakt ze een groot vel papier,
en een pak stiften.
Ze legt het vel op tafel.
Riet begint te schrijven.
Dit komt op het vel te staan:

Gezocht:

Kok of kokkin.
Voor twee dagen in de week.
Je moet goed kunnen koken.
Loop binnen,
en vraag naar Riet.

Klaar.
Riet bekijkt het vel nog eens.
De tekst is goed.
En dat *vraag naar Riet,*
dat staat wel stoer.
'Mooi,' zegt Riet zacht.
Ze rolt het papier op,
en loopt naar de voordeur.
Daar hangt ze het vel op.
Nu kunnen alle mensen het goed lezen.
Of niet?

Riet steekt de straat over.
Daar kijkt ze naar haar zaak.
Ja hoor, het is goed te lezen.
Zelfs van een afstand.
De letters op het vel zijn rood.
En ze zijn groot.
Zou het vel helpen?
Zou een kok het lezen?
En zou die bij haar willen werken?
Riet hoopt het zo.

En ineens denkt ze aan Piet.
Vroeger kookte ze altijd met hem.
Dat vond ze super.

Piet was een vriend.
En een goede kok.
Maar Piet wilde weg.
Ze snapt het wel.
Maar zonder hem is het toch niet zo fijn.
Ze mist Piet.
Stel je voor,
dat hij het vel las …
Er schieten tranen in haar ogen.
Boos veegt ze die weer weg.
Onzin.
Piet komt niet terug.
Maar er moet echt een kok bij.
Nu maar hopen dat het lukt.
Vast wel.
Ze gaat naar binnen.
Er is nog veel te doen.

Daar heb je Bella!

De dag erna doet Riet de deur open.
Laat de gasten maar komen!
Riet is er weer klaar voor.
'Maar wat is dat nu?'
roept Riet verbaasd.

Er staat al iemand op de stoep.
Het is een dame.
Ze is lang en dun.
Ze beweegt als riet in de wind.
De vrouw stapt de hal in,
en duwt Riet aan de kant.

'Mijn naam is Bella,' zegt ze stralend.
'Ik zag de poster.
Ik kan goed koken, al zeg ik het zelf.'
Ze wappert met haar handen.
'En ik zoek een nieuwe baan.
Er staat:
vraag naar Riet.
En dat doe ik dus nu.
Waar is Riet?'

'Dat ben ik,' zegt Riet stug.
Wat een druif, die Bella.
Zou ze wel aardig zijn?
Dan denkt Riet:
Ik moet niet zeuren.
Ik zocht een kok of kokkin.
En dit is er een.
Ik moet eerst met haar praten.
Dan merk ik wel,
of ze aardig is.
Daarna laat ik haar koken.
Dan kan ik zien,
of ze het kan.

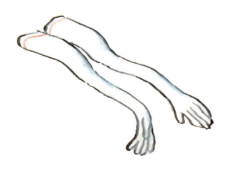

'Fijn dat je er bent,' zegt Riet.
'Neem plaats.'
Bella doet eerst een handschoen uit,
en dan nog een.
Haar nagels zijn lang en gelakt!
Bijna gilt Riet van schrik.
Maar dat hoort niet.
Dus ze slikt haar gil in.
Net op tijd.

Bella gaat zitten.
Ze legt haar handen voor zich op tafel.
Riet staart ernaar.
Kun je met die lange nagels ook goed koken?

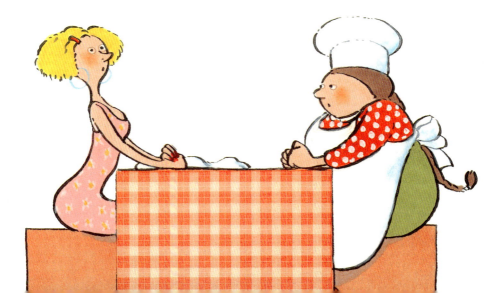

'Pardon!' zegt Riet,
als ze merkt dat ze staart.
'Heeft u al vaker gekookt,
in een zaak als deze?'
Bella kijkt om zich heen,
en ze perst haar lippen samen.
'Nee, nog nooit,' zegt Bella dan.

Wat bedoelt ze daarmee?
Dat ze Riets zaak stom vindt?
Bijna wordt Riet boos.
Maar het kan zijn,
dat Bella iets anders bedoelt.
Dat koken haar beroep niet is.
Dus zegt Riet:
'Leg eens uit.
Is koken je beroep?'
'Nog niet,' zegt Bella.
'Maar dat is geen punt.
Ik kook thuis als de beste.
En dus kan ik hier vast ook goed koken.'
Ze steekt haar neus in de lucht.

Riet slikt.
Is Bella een kreng?
Of lijkt het maar zo?
Riet duwt de vraag weg.
Ze staat op.
'Loop maar mee naar de keuken.
En laat daar zien wat je kunt.'
Riet neemt Bella mee.

'Hier kook ik.
En als je de baan krijgt,
kook jij hier ook.
Ik vijf dagen, jij twee.
Dan ben ik er niet.
Dan doe je het dus alleen.
Kun je dat?
Dat is de vraag.
Laat het me zien.
Maak een taart met fruit.
Dan zet ik die op het menu.
Ik schrijf en jij kookt.
Maar eerst zet ik alles klaar.
Hier is mijn kookboek.
Daarin staat hoe het moet.'

Riet doet de kast open.
'En dit is voor het deeg.'
Riet pakt meel en een ei.
'En dit fruit kan er straks op.
Hier is room.
Die moet je nog wel kloppen.'
'Dat zie ik ook,' zegt Bella.
'Ik ben niet gek!'
Het begint al goed, denkt Riet.

Bella doet een schort voor,
en gaat aan de slag.
Eerst wast ze het fruit.
Ze doet het fruit in een bak water.
Dan vist ze het fruit eruit.
Dat doet ze, stuk voor stuk.
Met die lange nagels.
Riet rilt ervan.
En het duurt enorm lang.
Dat is niet handig
als het druk is in de zaak.
En waarom maakt ze niet eerst het deeg?
Dat moet nog een tijd rijzen.
Riet zelf maakt het deeg wel altijd eerst.

Bella drukt het fruit door een zeef.
Moet dat wel?
Zo staat het niet in het kookboek.
En Bella heeft het vast nog nooit
gedaan.
Het fruit spat in het rond.
En bij elke spat geeft Bella een gil.

'Ik word vies!
En die schort helpt niets.
Kijk naar mijn jurk!
Daar blijft niets van over.
Gaat dat er nog uit in de was?'

Dan schudt Riet haar hoofd.
Bella wordt niet de nieuwe kokkin.
Riet vindt haar niet leuk.
En ze kan ook niet koken.
Ook al vindt Bella zelf van wel.
'Bella,' zegt Riet.
'Dit wordt niet je nieuwe baan.
Zoek maar wat anders.
Ik ga op zoek naar een echte kok!'

Gerrit is ook een kok!

Die avond is Paul te gast.
Hij is een vaste klant.
'Mmmm!' roept hij.
Hij veegt zijn mond af met een servet.
'Wat was die taart lekker!
Wat was dat voor fruit?'
'Peer,' zegt Riet trots.
'En bessen.
Die heb ik zelf geplukt,
in het bos.
Dat deed ik al eerder.
En ik vroor ze in.'

'Dat je daar tijd voor hebt,' zegt Paul.
'Jij werkt toch elke dag?'
Riet haalt haar schouders op.
'Ik sta vaak heel vroeg op.
Dan ga ik naar de markt voor vis.
Of naar het bos voor bessen.
Dat doe ik graag.
Maar het lukt niet altijd.
Dat snap je.
En ik wil dat niet meer zo doen.
Dus ik zoek een kok,
die me helpen kan.'

'Dat las ik op het vel op de deur,'
zegt Paul.
'Heb je al iemand?'
Riet zucht: 'Nee, nog niet.
Er is wel een vrouw geweest.
Ze heet Bella.
Ze las het vel op de deur.
En ze zocht een baan.
Ze kon koken, zei ze.
Maar dat was niet zo.
En ik vond haar ook niet aardig.
Dus nu ben ik weer op zoek.
Ken jij een kok?'

Paul denkt hardop na.
'Mijn buurman zoekt een baan.
Hij was aan het werk in de bouw.
Maar daar was geen werk meer.
Nu moet hij dus iets anders.
Hij weet nog niet wat.
Hij houdt van lekker eten.
En hij is ook aardig.
Ik weet alleen niet,
of hij kan koken.'

'Ik ben benieuwd,' zegt Riet.
Als hij het nog niet kan,
kan hij het vast leren.
'Stuur hem maar langs.
Bedankt voor de tip.
Ik schenk je nog eens in.
Wil je nog taart?'
'Mmm!' zegt Paul.
'Zo geef ik graag een tip!'

Twee dagen later komt Gerrit langs.
'Ik ben de buurman van Paul.
Ik zoek een baan.
Ik eet heel graag,' zegt hij.
'Maar of ik kan koken …
Dat weet ik niet.
Ik wil het wel graag leren.'

'Ga mee naar de keuken,' zegt Riet.
'Dan zie ik daar wel wat je kunt.
Schil de piepers.
Daarvan bakken we friet.'
'Klinkt goed!' zegt Gerrit.
'Dat kan ik vast.
Ik ben dol op friet.'
Riet geeft hem de bak met piepers,
en een mes.
Ze doet het hem voor.
'Zo moet het,' zegt ze.

Gerrit begint te schillen, maar hoe …
Hij bijt op zijn lip.
Zijn hoofd wordt nat van het zweet.
Dan snijdt hij in zijn duim.
'Au!' gilt Gerrit.
Riet pakt een pleister.
'Pas op, hoor!'
Gerrit knikt.
En hij pakt het mes weer.
'Ik kan het best!'

Het mes vliegt door de keuken.
Wel twee keer.
'Pas op!' roept Riet.
'Het mes raakte me bijna!'
'Sorry,' zegt Gerrit.
Hij wordt rood.
'Ik ben een beetje een kluns.'

Riet ziet al snel dat hij gelijk heeft.
Gerrit knoeit met alles.
En hij laat veel vallen.
Schillen kan hij ook niet.
Van de piepers blijven maar kleine
blokjes over.
Daar kan Riet geen friet van maken.

Aan het eind van de middag zegt Riet:
'Het spijt me, Gerrit.
Je bent een leuke vent,
maar geen goede kok.'
Gerrit is het met haar eens.
'Ik weet ook niet,
of ik het ooit leer!'

Truida is wel handig

Net als Riet de moed bijna opgeeft,
staat Truida voor de deur.
Ze is mollig, net als Riet.
'Goedendag!' zegt ze vriendelijk.
'U zoekt een kokkin.
Ik zoek een nieuwe baan,
en ik ben kokkin.
Kunnen we eens praten?'

Riet vindt Truida op het eerste gezicht aardig.
Nu maar hopen dat ze kan koken.
'Kom binnen!
Ik heb wel tijd voor een goed gesprek.'
Riet wijst haar de kapstok,
en neemt haar mee naar binnen.
De twee vrouwen gaan samen aan een tafel zitten.
Riet schenkt een kopje thee voor Truida in.
Dan kijkt ze haar hoopvol aan.
'Vertel eens, waar ben je kok geweest?'

'Ik had vroeger een eigen zaak,' vertelt Truida.
'Maar dat was me teveel.
Daarom ben ik gestopt, maar ik mis het werk.
Alle dagen koken,
dat wil ik nog steeds niet.
Maar twee dagen in de week,
dat lijkt me nou net wel aardig.'

Riet kan haar wel zoenen,
maar ze doet het niet.
Dat vindt Truida vast een beetje wonderlijk.
'Prachtig!' roept ze daarom maar.
'Zullen we het eens samen proberen?
Ga mee naar de keuken.
Dan bedenk ik wel wat we gaan maken.'

Bij de keukendeur gaat het even mis.
Truida en Riet kunnen er niet samen door.
Daarvoor zijn ze beiden te mollig.
'Ga voor,' zegt Riet beleefd.
Truida gaat eerst en Riet volgt.
Riet bekijkt de kaart en zegt dan:
'Vandaag staat groentesoep op het menu.
Zullen we die samen maken?'
Truida glimlacht.
'Ik ben dol op groentesoep!
Zal ik de prei en de ui snijden?'
'Goed idee!' zegt Riet.
'Ik doe de bloemkool.'

Het ruikt al snel heerlijk in Riets keuken.
Daar wordt Riet erg gelukkig van.
Het doet haar een beetje denken aan vroeger.
Toen ze nog samen kookte met Piet.

Truida kan goed koken.
En Riet vindt het heel gezellig met haar.
Toch heeft Truida ook een nadeel.
Of zijn het er zelfs twee?
Truida en Riet passen niet samen in de keuken.
Ze zijn allebei te mollig.
Als Truida zich omdraait,
krijgt Riet een zetje.
Dat doet Truida niet expres,
maar het gaat vanzelf.
En zodra Riet twee stappen zet,
botst ze tegen Truida aan.

Het is niet erg handig.
Maar Riet zet zich over het nadeel heen.
Straks koken ze toch niet samen.
Want als Truida er is,
is Riet er niet.
Daar zoekt Riet nu juist een kok voor.
Daarom is het ook niet erg,
dat Truida nog een nadeel heeft.
Ze laat wel eens een windje …
Riet hoort zo af en toe een plofje.
Heel zachtjes,
want Truida probeert het geheim te houden.
Maar dat lukt niet.
Die winden van haar stinken flink.

Riet houdt haar neus dicht en zegt:
'Truida, wat mij betreft heb je een baan!
Kook jij morgen?
Dan neem ik een dagje vrij!'

Truida maakt een sprongetje.
'Joepie!
Ik kook morgen graag!'

De dag erna heeft Riet vrij.
Ze geniet ervan.
Ze drinkt koffie in de tuin.
En ze leest een dik boek.
Heerlijk is dit!
Waarom zocht ze niet eerder een
tweede kok?

Een dag later kookt Riet zelf.
Ze vindt het koken weer fijn.
Een dagje vrij is ook daar goed voor.

Die avond komt Paul eten.
Hij komt anders binnen dan anders.
Heel voorzichtig.
Hij steekt zijn neus om de hoek,
en dan snuffelt hij om zich heen.
Riet snapt er niets van.
'Wat gedraag je je vreemd, Paul!
Waarom doe je dat?'
Paul kijkt vrolijk zodra hij Riet ziet.
'Gelukkig, je bent er zelf!
Gisteren was je nieuwe kok er.'
Riet knikt.
'Je bedoelt Truida?
Was er iets mis?
Kookte ze niet goed?'
'Ja,' zegt Paul.
'Het eten was heerlijk.
En Truida was ook heel aardig.
Maar iets anders was minder geslaagd.
Ze liet zulke vieze winden,
dat er een gast flauw viel.
En twee liepen er weg.'

'Wat vreselijk,' zegt Riet zuchtend.
'Ik zal haar moeten ontslaan.
Het is niet de bedoeling,
dat de gasten vluchten voor haar stank.'
Paul is het met Riet eens.
'Ik vind het jammer voor jou,
en voor haar.
Maar ik verdraag die lucht niet.
Ik kom nog terug,
maar die anderen vast niet.'

Die avond nog gaat Riet naar Truida.
Ze vertelt haar het slechte nieuws.
'Je maakt me verdrietig,' zegt Truida.
'Maar ik begrijp het wel.
Daarom liep mijn eigen zaak ook niet.'

Een stuk in de krant

De morgen erna komt Paul langs.
'Ik kon er niet van slapen.
Door mijn gezeur ben je een kok kwijt.
Ik wil je helpen.'
Met een klap legt hij een krant op tafel.
'Je moet een oproep doen in de krant.
Je moet daarin vertellen,
dat je een nieuwe kok zoekt.
Dat lezen heel veel mensen.'
Riet haalt haar schouders op.
'Hoe komt het verhaal er dan in?'
Paul pakt een toestel uit zijn tas.
'Dat regel ik!
Ik werk bij de krant.
Ga aan het werk, dan maak ik een foto.'

Even later staat Riet aan het aanrecht.
Ze pakt glimlachend een keukenmes.
'Zo goed?' vraagt ze.
'Prachtig!'
Paul steekt zijn duim op en klikt.
'Nu vertel jij je verhaal,
en intussen schrijf ik het op.'
Al pratend pakt Paul een stoel.
Uit zijn tas haalt hij een vel papier,
en een vulpen.
'Vertel, wat voor soort kok zoek je?'
Riet begint te vertellen.
En Paul begint te schrijven.

'Vroeger had ik deze zaak met zijn twee,'
zegt Riet weemoedig.
'Mijn beste vriend Piet en ik waren de koks.
We kookten samen,
maar soms ook om de beurt.
Dat ging echt geweldig goed.'

Paul knikt.
Hij herinnert zich die tijd ook nog.
'Voor jou had hij niet hoeven gaan?'
'Nee,' zegt Riet droevig.
'Ik vond ons leven prima, maar hij niet.
Toen is Piet vertrokken.
Hij vond het leven van een kok te zwaar.'

'Was je boos op hem?' vraagt Paul.
Riet schudt haar hoofd,
'Natuurlijk niet.
Ik begreep het ook wel,
Maar voor mij lag het anders.
En sinds zijn vertrek doe ik het alleen.
En eigenlijk vind ik dat te zwaar.
Daarom zoek ik nu een nieuwe kok,
om samen mee te koken.'

Paul schrijft alles op wat ze zegt.
'Hoe zou de nieuwe kok moeten zijn?'
Daar hoeft Riet niet over na te denken.
'Het liefst net als Piet,'
zegt ze lachend.
'Maar dat bestaat niet.
Piet hield van het soort eten,
waar ik ook van houd.
Ik hoefde hem niet uit te leggen,
wat lekker is en wat niet.'

Paul legt even zijn hand op de hare.
Hij snapt best dat Riet Piet mist.
'Nu over de nieuwe kok, Riet!'
'Je hebt gelijk,' zegt Riet.
'Dit moet je over de nieuwe kok opschrijven.
Hij moet goed kunnen koken.
En ook alleen voor de zaak kunnen zorgen.
Hij is gezellig voor mij,
en voor de klanten.
Als ik er niet ben,
zorgt hij dat de zaak netjes en fris is.'

'Dat is duidelijk!' zegt Paul.
'Daar heb ik iets aan, en de lezers ook.
Ik ga naar huis om het uit te werken.
En ik beloof je:
Morgen staat het hele verhaal in de krant,
met een foto.
Wedden dat er snel een nieuwe kok komt?'

Een nieuwe kok voor Riet

Riet loopt door de zaak heen en weer.
Van spanning kan ze niets doen.
Het stuk stond gister in de krant.
Zou er iemand op komen?

De brievenbus kleppert.
Daar is de post.
Riet kijkt naar de deurmat.
Ze slaakt een gilletje.
Wat een enorme stapel!
Ze neemt de brieven mee,
en legt ze voor zich op tafel.
'Eerst een kopje koffie,' zegt ze zacht.
Ze loopt naar de keuken,
en schenkt een kopje koffie in.
Hier gaat ze eens goed voor zitten.

En dan is het zover.
Een voor een maakt ze de brieven open,
en ze leest ze zorgvuldig.
De ene brief is nog leuker dan de andere.

En dan ineens leest ze een vreemde brief.
Ik kom om twaalf uur.
Meer staat er niet in.
En er staat ook geen naam onder.
Wie zou dat kunnen zijn?
Riet kijkt naar de wijzers van de klok.
Het is al bijna twaalf uur!
Ze zet haar koksmuts recht,
en veegt de kruimels van haar schort.
Laat die vreemdeling maar komen.
Ze is er klaar voor.

De voordeur gaat open,
en Riets hart maakt een sprongetje.
Wie is dat die daar binnenkomt?
De gestalte komt haar bekend voor.
Het is Piet!
Haar oude vriend Piet!
Ze rent naar hem toe,
en slaat haar armen om hem heen.
'Ik heb je zo gemist!'
Piet geeft een kus op haar rode wangen.
'Ik heb jou ook gemist.
Heel erg.
Er ging geen dag voorbij,
dat ik niet aan je dacht.
En toen ik het stuk in de krant las,
begreep ik dat jij mij ook miste.
En toen snapte ik pas,
dat we dom bezig waren.'

Riet schatert van plezier.
'Ja, we zijn dom bezig geweest.
Dat is nou echt zo'n uitspraak van jou, Piet.
Jij maakt ook altijd heel leuke grapjes.
Wat fijn dat je eens op bezoek komt!'
'Nee,' zegt Piet, 'ik kom niet op bezoek.'
Riet slikt haar verdriet weg.
'Moet je meteen al weer weg?'

Piet is even stil en dan zegt hij:
'Nee, ik meen het echt.
We waren dom bezig.
We zijn het liefst samen.
En toch deden we het niet.
Aan zee vond ik eerst rust,
maar ik verveelde me al snel.
Weet je wat ik deed?
Ik begon een viskraam,
en ik verkocht gebakken vis.
Intussen dacht ik aan jou.
Jij was hier aan het werk,
en je dacht aan mij.
Dat moet toch anders kunnen?
Dus als het aan mij ligt …
Ik wil graag je nieuwe kok worden,
of weer terug als de oude.
Het is maar net hoe je het ziet.
Lieve Riet, wil je me nog hebben?'

Riet weet niet wat ze moet zeggen,
Ze is zo gelukkig!
Ze kan alleen maar knikken.
Piet geeft haar nog een kus,
nu op de andere wang.
'En ik ga niet meer weg,
dat beloof ik.'

Een feestmaal

Het verhaal dat Piet weer terug is,
gaat als een lopend vuurtje door de stad.
Die avond is de zaak bomvol.
Alle tafels zijn bezet.
De gasten zitten gezellig te kletsen.
En hun ogen volgen de twee koks door de zaak.

Piet en Riet hebben die middag samen gekookt.
Ze hebben een feestmenu bedacht.
Met zijn tweetjes sneden ze tomaten.
Die zijn voor de soep vooraf.
Piet zorgde voor gebakken vis,
en Riet bakte haar eigen fruittaart.

En nu doen ze om beurten de bediening.
Riet kijkt telkens weer naar Piet.
Ze kan het bijna niet geloven.
Hoe vaak heeft ze zichzelf al geknepen,
om te kijken of ze droomde?
Ze weet het niet.
Ze heeft wel veel blauwe plekken.
En inmiddels weet ze het zeker.
Haar beste vriend is weer terug!

Piet kijkt ook steeds naar Riet.
En als hij langs haar loopt, fluistert hij:
'Fijn hè, zo met zijn tweetjes?'

Aan de beste tafel zit Paul.
Die grijnst van oor tot oor.
'Piet is weer terug, dankzij mijn stuk!'
Hij zegt het steeds weer,
tegen iedereen die maar luisteren wil.

De gasten vertrekken een voor een.
Aan het eind van de avond is alleen Paul er nog.
Riet zegt:
'Dank je wel voor je stuk in de krant, Paul.
Je krijgt de maaltijd van ons.
Je hoeft niet te betalen,
omdat we zo blij zijn.
Drink je nog een glaasje wijn met ons?'

Daar zegt Paul geen nee tegen.
En zo zitten ze met zijn drietjes bij elkaar.
'Ik heb nog eens nagedacht,' zegt Paul.
'Piet ging weg,
omdat jullie nooit tot rust kwamen.
Nu moeten jullie ervoor zorgen,
dat er af en toe wel rust is.
En dat kan ook best.
Andere zaken in de stad sluiten af en toe.
Een avond in de week zijn ze dicht.
Waarom doen jullie dat niet?'

Piet en Riet kijken elkaar aan.
'Dat is een goed idee!' zeggen ze in koor.
Piet krabt eens op zijn hoofd.
'Zullen we dat dan op zondag doen?
Dan kunnen we ook eens een dagje naar zee.
Ik wil je graag aan mijn vriend Pim voorstellen.'

Riet glimlacht van oor tot oor.
'Dat lijkt me reuze fijn, Piet!'
Ze geeft hem een kus op zijn wang.
En dan geeft ze Paul er ook een.
'Bedankt voor al je hulp!'

Jij maakt mij veel te dik, Rick de Haas!
Ik ben een beetje mollig.
En niet dik!

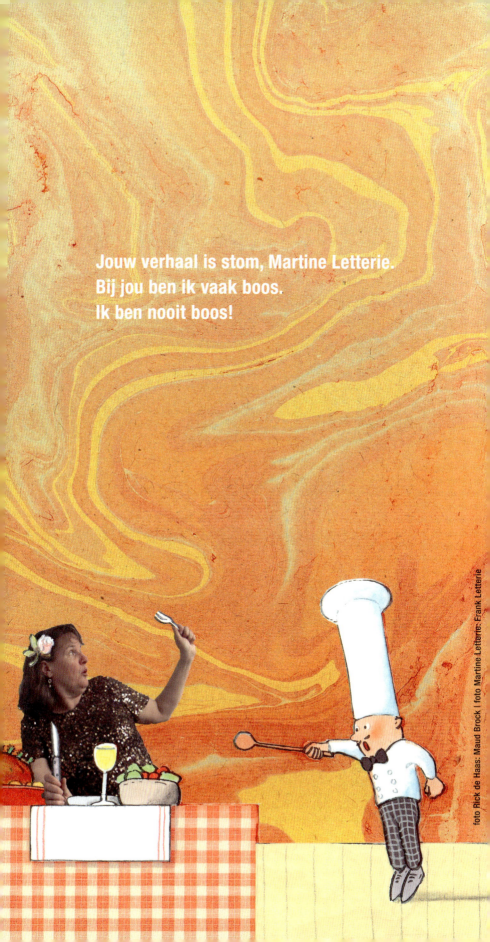

Jouw verhaal is stom, Martine Letterie.
Bij jou ben ik vaak boos.
Ik ben nooit boos!

foto Rick de Haas: Maud Brock | foto Martine Letterie: Frank Letterie

De Nederlandse
Kinderjury
2011

LEES N!VEAU

		ME	ME	ME	ME	ME
AVI	S	3	4	5	6	7	P
CLIB	S	3	4	5	6	7	8	P

AVI meegroeiboek

Toegekend door Cito i.s.m. KPC Groep

Tekst
Martine Letterie
Illustraties
Rick de Haas
Ontwerp en opmaak
Masja Mols

2e druk 2010
ISBN 978-90-487-0650-1
NUR 287

© Uitgeverij Zwijsen B.V.,
Tilburg, 2010

Voor België:
Uitgeverij Zwijsen.be, Antwerpen
D/2010/1919/135